┃한빛 아카데미
┃(사단법인)

청소년들의 교육과 돌봄, 다양한 교육 체험과 활동을 통한 건강한 교육 환경을 조성하고 바르게 성장 할 수 있도록 지도합니다. 한빛 아카데미(사)는 청소년들을 교육함에 있어 1) 개인의 특성과 다양성 존중 2) 인격과 비전, 실력을 배양하는 교육 3) 공동체를 통한 교육 4) 맞벌이 가정의 자녀를 위한 방과 후 동아리 활동과 돌봄 교육 5) 사회부적응 청소년, 장애 청소년, 비장애 청소년과의 통합교육 구현 6) 다양한 청소년 문화 체험 활동과 수련활동을 합니다.   전화: 031)924-0694(대표)

┃한빛 크리스천
┃스쿨(HCS)

기독교 대안학교로써 기독교적 교육과 공교육, 사교육을 통합한 크리스천 학교입니다. 크리스천은 요람에서 무덤까지 하나님의 말씀과 세계관으로 교육받을 권리가 있고, 교육시킬 의무가 있습니다. "창조적 지성과 뜨거운 가슴으로 세상을 변혁하는 리더를 양성"하는 목표를 가지고 있습니다.

HCS는 1) 성경, 성경적 세계관에 기초한 교육 2) 학부모, 교사, 학생이 하나 되어 펼쳐가는 성경적 학교 운영체제 3) 학생의 달란트 개발과 수준별 맞춤형 교육과 창의 융합 교육을 통한 미래 일군 양성 4) 교육 과정 연계화를 통한 탁월한 진로지도 5) 신앙과 실력을 가진 우수한 교사진들이 준비되어 있습니다.

홈페이지: www.hcs21.co.kr   전화: 031)924-0694(대표)

┃한빛 크리스천
┃아카데미(출판사)

하나님의 말씀인 성경과 신학, 성경적 세계관을 통해 역동적인 크리스천의 신앙과 삶을 살고 역동적인 교회를 이루고, 지역과 민족, 세계 복음화와 세상의 변혁을 실천하는 목표로 설립되었습니다.   전화: 031)924-0694(대표)

┃해길 사역연구원

목회자 지망생과 교회 사역을 하는 목회자들에게 성경적인 신학과 성경적인 설교, 성경적인 교회 개척과 설립, 운영을 위한 구체적이고 실질적인 방법과 실제를 지도하고 교육합니다.   홈페이지: www.haegil.co.kr   전화: 02) 6448-1156

성경이 숨 쉬는 설교

배종열

한빛크리스천아카데미
HANVIT CHRISTIAN ACADEMY

머리말

　설교는 신앙생활에서 생명의 양식 가운데 하나이다. 설교를 통하여 신앙을 갖게 되며, 신앙이 자란다. 비록 인생에서 신앙의 위기를 만난다고 하더라도 이길 수 있는 힘을 공급받는 것은 설교이다. 설교가 강력한 은혜의 수단이 되는 까닭은 하나님의 말씀인 성경이 설교의 출발이고 설교의 도착이기 때문이다.

　설교전달은 한 시간이지만, 설교 준비는 주해와 적용 곳곳에 힘을 쏟아야 할 긴 과정이다. 설교자는 성경본문의 의미를 찾아서 메시지를 확정하고, 그 메시지를 위한 전개과정인 구성을 완성하고, 이 메시지로 회중들을 살피고, 회중들이 무엇을 왜 어떻게 버려야 하거나 얻어야 하는지를 보여야 한다. 이런 과정에서 설교가 어려운 것은 설교의 긴 과정에서 철저히 성경에 근거해야 하고, 철저히 회중을 지향해야 하기 때문이다. 또한, 설교의 긴 과정에 대한 명확한 이해가 있어야 하기 때문이다. 그렇지 않으면 10시간 설교를 준비하는데도 1시간의 효과만 있을 것이다. 물론 1시간 준비에 10시간 효과를 바라지 않는다.

　이를 위해서는 설교 준비의 긴 과정에서 성경이 숨을 쉬어야 한다. 성경이 설교의 모티브가 되고, 성경이 설교의 모델이 되며, 성경이 설교의 영감이 되어야 한다. 이 책은 이런 고민의 해결책을 담고 있다.

이제 설교자들이 10시간 준비에 10시간 효과를 나타내기를 기대한다. 말씀의 사역자들의 사역지마다 말씀으로 새로워지는 역사가 있기를 소망한다.

이 책 출판을 기꺼이 허락한 임정대 목사님(한빛교회 담임, 한빛 크리스천 스쿨 교장, 한빛 크리스천 아카데미), 동고동락하는 해길사역연구원의 사람들, 항상 기도와 격려를 아끼지 않는 가족에게 감사드린다.

목차

제6장 설교문의 목적과 목차

제7장 설교문의 완성도 높이기

제8장 설교문 작성 8단계

제9장 설교문의 유형별 예

제1장 설교문 작성 과정

완전한 설교문은 처음부터 완성된 문장으로 시작하지 않는다. 완성된 설교문은 처음에는 하나의 분명한 생각에서 출발한다. 생각이 분명해지고 뚜렷해지면 주장이 된다. 주장을 전개하여 틀을 갖추면 드디어 설교문의 기초가 마련된 셈이다.

설교문 작성에서 설교의 목적과 목차는 중요한 토대이다. 이것이 없으면 설교는 전개될 수 없다. 설교자가 설교의 감이 잡히지 않는다고 하면 그 이유는 설교의 목적과 목차가 분명하지 않기 때문이다. 목적과 목차가 있으면 설교문 완성을 위한 발걸음을 힘차게 내디딜 수 있다.

설교문의 목적과 목차는 어디에서 찾을 수 있을까? 당연한 말이지만 성경에서 가져와야 한다. 설교문의 목적은 성경 본문의 목적에서, 그리고 설교문의 목차는 성경 본문의 목차에서 가져와야 한다. 성경 본문의 목차는 성경 본문의 구조를 찾아 그 구조를 짜임새 간추린 것이다.

그렇다면 성경 본문의 목적과 목차는 어떻게 구할 수 있는가? 그것은 성경 본문의 주해와 적용으로 이루어진 해석에서 얻을 수 있다. 결국, 성경 본문의 해석은 설교문의 토대를 쌓기 위한 기초작업이다.

해석	성경 본문		설교문	
	주해	적용	주해	적용
	목적, 구조		목적, 목차	

성경 본문과 설교문의 관계

그러면 해석은 어떻게 하는지 살펴보자.

제2장 성경 해석의 전제와 단계

성경 본문의 해석을 위해서는 성경 본문 해석을 위한 전제와 성경 본문 해석의 두 과정(주해와 적용)을 살펴보는 것이 필요하다.

I. 성경 해석의 전제

성경 본문 해석을 위한 전제는 두 가지이다.

1) 수신자의 동일시(同一視)

성경의 수신자와 우리(현재 독자)는 같다는 원칙이다.[1]

> 이러한 일은 우리의 본보기가 되어 우리가 그들이 악을 즐겨 한 것 같이 즐겨 하는 자가 되지 않게 하려 함이니(고전 10:6)

> 그들에게 일어난 이런 일은 본보기가 되고 또한 말세를 만난 우리를 깨우치기 위하여 기록되었느니라(고전 10:11)

고린도전서 10장 6절과 11절에 따르면 출애굽 이스라엘 백성들의 한 일은 그것으로 끝나지 않는다. 이 일은 오히려 고린도 교회 성도들의 본보기이다. 특히 시대가 매우 달라서 고린도 성도들은 말세를 만난 자들임에도 여전히 과거의 일은 본보기가 되고 있다.

---

1. Jay E. Adams, *Truth Applied* (Stanley, NC; Timeless Texts, 1990), 45-47.

무엇이든지 전에 기록된 바는 우리의 교훈을 위하여 기록된 것이니 우리가 인내로 또는 성경의 위로로 소망을 가지게 함이니라(롬 15:4)

성경의 기록은 우리의 교훈을 위하여 기록된 것이다. 그 교훈을 통하여 성경의 인애와 위로로 소망을 얻게 하려 함이다.

2) 성경의 구속사

성경의 관점은 역사, 곧 구속사다. 구속사는 하나님께서 역사에서 자기 백성을 구원하시는 역사이다. 이 관점이 분명하지 않으면, 성경은 도덕 교과서, 지혜 지침서, 신앙 수련서로 전락하게 된다. 구속사는 크게 옛 언약과 새 언약으로 나눌 수 있다.

구약에서 아브라함의 언약은 모세 언약에서 체계화되어, 모세 언약을 통해 율법이 주어졌으며, 성막이 세워지고, 나라의 틀을 갖추게 되었다. 또한, 이 언약은 더 발전하여 언약에 충실하여 율법에 따라 산 다윗 시대에 구체적으로 드러나서 이스라엘은 부강한 나라, 정의로운 나라가 되어 복을 누리게 되었다. 마침내 이 언약은 하나님 나라를 가져오신 예수 그리스도를 통하여 온전히 성취되었다. 히브리서에서는 아브라함 언약이나 모세 언약이나 다윗 언약을 각각 다루지 않고, 모세를 중보자로 하여 세우신 모세 언약을 첫 언약이라고 부르고, 예수 그리스도를 중보자로 하여 세우신 언약을 새 언약이라고 부른다.

새 언약의 복을 함축적으로 설명하는 곳이 에베소서 1:3이다. 그리스도인이 받은 복을 세 가지로 말하는데 그것은 "그리스도 안에서", "하늘에 속한", "신령한"이다. 새 언약은 첫 언약이라는 옛 언약과 비교하여 보면 그 특징이 잘 두드러진다. 새 언약의 특징이 "그리스도", "하늘," "영"이라면, 이에 상응하는 옛 언약의 특징은 "율법", "땅", "육"이라고 말할 수 있다.[2]

---

2. 죤 칼빈, 『기독교강요 상』 김종흡, 신복윤, 이종성, 한철하 역 (생명의 말씀사, 1988), 2.11.1-14.

옛 언약	새 언약
율법	그리스도
땅	하늘
육	영

옛 언약과 새 언약의 대조

(1) 율법과 그리스도

그리스도인이 받은 복의 첫째 특징은 그리스도이다. 이에 상응하는 옛 언약의 특징은 율법이다. 옛 언약에서 율법은 "즐거워하여 주야로 묵상해야 할"(시 1:3) 대상이요, 율법이 이스라엘의 기업이다(신 33:4). 율법으로 하나님의 뜻을 행하고, 율법으로 복을 받고, 율법으로 하나님께 나아갔다. 하지만 율법은 그리스도께서 오시기까지 한시적으로 제한적으로 몽학선생의 노릇을 했다(갈 3:24-25). 율법은 옛 언약에서 하나님께서 죄 아래 있는 세상을 다스리는 경륜이었다.

율법에 상응하는 그리스도인의 복은 그리스도이다. 그리스도께서 오셔서 십자가에 피 흘리심으로 "의문에 속한 계명의 율법을"(엡 2:15) 폐하셨다. 옛 언약에서 율법은 매우 긍정적이었지만, 새 언약에서 언약은 부정적으로 표현된다. 율법에 큰 문제가 있는 것처럼 율법의 행위는 그리스도의 믿음과 강하게 대조된다(롬 3:26; 갈 2:16). 문제는 율법 자체에 있는 것이 아니라 사용 기한에 있다. 그리스도께서 단번에 영원한 제사를 드리셔서(히 10:12) 옛 언약의 반복적인 제사가 폐지되었다. 그리스도께서 돌아가심으로 성서와 지성소를 가로막은 휘장이 둘로 나누어져(마 27:51) 옛 언약에서 갈 수 없는 길이 열렸다(히 10:20). 그리스도께서 부활 승천하셔서 메시아 시대를 여심으로써 옛 언약 시대 다윗의 나라는 하나님의 나라로 성취되었다. 그리스도는 옛 언약을 온전히 이루심으로 율법을 폐하셨다.

(2) 땅과 하늘

그리스도인이 받은 복의 둘째 특징은 하늘이다. 옛 언약에서 땅, 특히 가나안은 하나님으로부터 받은 기업이었다. 가나안에 다윗의 나라를 세우고, 성전을 세웠다. 또한, 땅에서 나는 소산을 양식으로 삼을 뿐만 아니라 하나님께 드릴 재물로 사용하기도 했다. 하나님의 백성이 땅에서 잘 되는 것은 구약의 특징이기도 하다. 부유했다. 아브라함, 이삭, 야곱은 부자였고, 욥도 빼놓을 수 없는 부자였다. 사회적으로 지위가 높았다. 비록 타국에 종으로 잡혀간 요셉이나, 포로로 잡혀간 다니엘은 바사 제국에서 가장 높은 자가 되었고, 모르드개도 최고의 자리에까지 이르게 되었다.

땅에 상응하는 그리스도인의 복은 하늘이다. 이스라엘이 모세와 여호수아의 중보로 들어간 곳은 하늘이지만, 성도들은 예수 그리스도를 중보로 들어간 곳은 하늘이다. "그리스도 예수 안에서 함께 하늘에 앉히시니"(엡 2:6). 가나안이 이스라엘의 기업이라면, 하늘은 성도들의 기업이다. 가나안에 다윗의 나라를 세웠다면, 하늘에 메시아의 나라를 세우셨다. 가나안에서 성막을 세워 성소까지 나아갔다면, 참 성소인 하늘에서 하나님의 보좌 앞에까지 나아가게 되었다. 새 언약의 백성은 땅의 복을 무시되는 것처럼 보인다. 사도들은 믿음의 족장들과 달리 부자가 아니었고, 요셉이나 다니엘과 달리 관청의 높은 자리에 있지도 않았다. 생활의 필요한 것은 이제 하나님께서 더하여 공급하실 뿐이다.

(3) 육과 영

그리스도인이 받은 복의 셋째 특징은 영이다. 옛 언약의 특징은 육이다. 창조 때 육에는 죄의 개념이 존재하지 않았다. 아담은 땅에서 나서 육의 몸이어서(고전 15:44) 흙에 속한 자의 형상이었다(고전 15:49). 그런데 육의 개념은 발전되어 죄의 개념이 포함되었다. 육은 죄 아래 있는 상태를 의미한다(롬 7:14). 따라서 육에 속한 자 곧 육적인 자는 죄의 종으로서 죄 아래 있는 자이다.

육에 상응하는 그리스도인의 복은 영이다. 영은 죄의 문제가 해결된 상태이다. 영에 속한 자 곧 영적인 자는 이제 하나님의 영이 임한 그리스도의 사람이다(롬 8:9). 그는 하나님의 영의 인도를 받고, 사랑, 희락, 화평, 오래 참음, 자비, 양선, 온유, 충성, 절제 등 성령의 열매를 맺는다(갈 5:22-23). 육적인 사람에게서 나타날 수 없는 열매들이요, 이 죄악 된 세상에서는 볼 수 없는 귀한 열매들이다.

2. 성경 해석의 단계

성경 해석(Interpretation)은 성경을 풀어 우리 마음을 뜨겁게 하는 것이다. 해석학(Hermeneutics)은 해석을 위한 원리와 방법에 관한 학문이다. 성경 해석의 과정에 대하여 크게는 다음과 같은 두 종류가 있다.

	해석의 과정		
귀납적 성경 공부	관찰	해석	적용
해석학	주해		적용

해석의 과정 비교

귀납적 성경 공부의 과정은 "관찰 → 해석 → 적용"이다.[3] 하지만 이런 과정은 다음과 같은 이유로 유익하지 않다. 첫째, 두 번째 단계인 해석은 첫 번째 단계인 관찰과 세 번째 단계인 적용을 포함하는 상위개념이다. 해석은 추상적인 행위이고, 관찰과 적용은 구체적인 행위이다. 그런데 이런 상위개념이 관찰과 적용이라는 하위개념과 함께 쓰이는 것은 적절하지 않다. 둘째, 성경 본문 해석과 설교문은 과정과 용어가 같아야 혼란을 줄일 수 있다. 설교문에서 주해와 적용이 있으면, 성경 본문 해석에서도 주해와 적용이 있어야 상호 연관성을 높일 수 있다.

3. 데이비드 R. 바우어 & 로버트 A. 트레이나. 『귀납법적 성경 연구』 윤철호 옮김 (CLC, 2014). 167-169.

해석학의 과정은 "주해 → 적용"이다.[4] 독일의 경건주의 신약학자 벵겔 (Bengel, 1687-1752)은 다음과 같이 말한다. "네 모든 것을 본문에 관련지으라; [본문의] 모든 것을 너에게 관련지으라"(Te totum applica ad textum : rem totam applica ad te). 해석자가 나의 모든 자원으로 성경을 해석하는 과정이 주해이고, 해석자가 성경의 모든 자원으로 해석자나 그 관련자들을 해석하는 것이 적용이다. 해석자가 내 모든 것을 동원하여 본문에 관련지어서 본문의 의미를 찾고서 그 본문의 의미를 독자에게 관련지어서 독자의 문제를 해결하라는 뜻으로 읽힌다.

	해석의 과정	
	주해	적용
벵겔	네 모든 것을 본문에 관련지으라	(본문의) 모든 것을 너에게 관련지으라

해석의 과정

해석의 과정은 주해(注解, 註解)와 적용(適用) 두 가지이다.

---

4. John Goldingay, "Expounding the New Testament"in *New Testament Interpretation : Essays on Principles and Methods* ed. by I. Howard Marshall (Carlisle : The Paternoster Press, 1992), 351; Wilhelm Egger, *How to Read the New Testament: an Introduction to Linguistic and Historical-Critical Methodolgy* trans. by Peter Heinegg (Peabody, MA : Hendrickson, 1996), 200.

제3장 성경 본문의 주해

주해는 본문을 관찰하여 의미를 발견하는 과정이다. 주해에는 이해(理解)와 공감(共感)이라는 두 가지 요소가 필요하다. 하나님의 말씀을 관찰하는 과정에서 때로는 설교자의 마음이 뜨거워지기보다는 차가워지고, 풍성해지기보다는 메말라가는 듯한 때도 있다. 그 이유는 본문을 주해할 때 이해만을 추구하고 공감은 무시하기 때문이다. 본문의 의미를 이해할 뿐만 아니라 공감해야 한다.

전자는 이성(理性, logos)적 측면이고, 후자는 감성(感性, pathos)적 측면이다. 전자는 논리학(論理學, logic)적 측면이고, 후자는 미학(美學, aesthetics)적 측면이다. 전자는 "너희의 생각"(νόημα)이라 할 수 있고, 후자는 "너희의 마음"(καρδία)이라고 할 수 있다(빌 4:7). 전자는 그리스도의 마음(νοῦς, 정신, 분변, 분별, 고전 2:16)이라고 할 수 있고, 후자는 그리스도의 심장(σπλάγχνον, 내장, 심정, 빌 1:8)이라고 할 수 있다. 그리스도의 정신과 그리스도의 심정이다. 주석할 때 주로 전자에만 관심을 두고 진행하니 후자에 속하는 뜨거운 감정이 사라진다. 물론 감정은 이성에 근거한 감정이어야 할 것이다.

주해의 요소		
목적	이해	공감
방법	이성	감성
학문	논리학	미학
구분	너희의 생각	너희의 마음
	그리스도의 정신	그리스도의 심정

주해의 요소

I. 이해

이해는 단어나 구나 문장의 의미를 찾는 것이다. 의미는 다음과 같은 종류가 있다.

· 사전적 의미
· 문맥적 의미
· 함의적 의미
　의미의 구체화
　의미의 확대화

가장 기본적인 의미는 사전적 의미이다. 한 단어의 사전적 의미는 보통 다수여서 경우의 다양한 수를 제시한다. 하지만 여기에서 멈추면, 이른바 "부당한 전체 전가"(illegitimate totality transfer)라는 오류가 발생한다. 모호한 단어의 의미를 알기 위해 사전을 찾아보고, 사전에 열거된 모든 의미(전체)를 본문에 가져오는 것(전가)은 부당하다. 많으면 많을수록 좋을 것 같으나 모든 것을 가져오면 의미는 더욱 모호해진다.

사전상의 의미 가운데 가장 적합한 의미를 결정하는 기준은 문맥이다. 문맥적 의미가 결정권을 갖는다. 문맥은 앞과 뒤에 있는 말들과 관계이다. 연결고리가 있으면 통하지만 그렇지 않으면 불통이다. 성경을 도우려 하지 말고 성경의 도움을 받아라. 성경을 설명하려고 하지 말고 성경에서 설명을 찾아라. 결국은 문맥이다.

의미 연구에서는 보통 문맥적 의미에서 끝나지만, 때로는 함의적 의미를 찾아야 할 경우도 있다. 첫째, 의미를 구체화해야 할 경우이다. 어떤 율법사는 예수께 질문한다. "내 이웃이 누구입니까(눅 10:29)?"이에 대하여 예수님은 이른바 선한 사마리아인의 비유를 제시하신다. 예수님은 이 비유를 통해 이웃의 의미를 구체화하신다. 둘째, 의미를 확장해야 할 경우이다. 히브리서

4장에서 안식의 의미를 다룬다. 하나님께서 천지를 창조하신 후에 안식이 언급된다. 이후에 이스라엘 백성이 광야에서 가나안에 들어가야 할 상황에서도, 다윗 때에도, 그리고 히브리서가 기록되는 때에도 안식이 확대된다.

여기에서 주의할 것이 있다. 사실적 표현과 규범적 표현이다. 첫째, 사실/사건을 기술하거나 묘사하는 표현이 곧 우리 삶을 규정한다는 점이다.[5] 사도행전에서 사도들이 사마리아에서 안수하고 기도했더니 성령을 받았다는 사실이 있다. 그렇다고 우리도 그대로 따라해야 하는 것은 아니라는 점이다. 또한, 그 역도 성립한다. 규범적인 표현이 사실을 기술하거나 묘사하는 것은 아니라는 점이다. 데살로니가전서 5장에서 "항상 기뻐하라, 쉬지 말고 기도하라, 범사에 감사하라"(5:16-18a)는 명령이 있다고 해서 데살로니가 교우들이 기뻐하지 않고, 기도하지 않고, 감사하지 않는다고 단정하는 것은 성급한 일이다.

2 공감

본문의 단어나 문장이나 문단을 이해로만 그칠 것이 아니라 공감해야 할 필요가 있다. 공감이 있어야 본문과 독자의 격차가 줄어들고 본문을 더 주해할 수 있다. 공감은 다음과 같은 과정으로 진행한다.

1 성경 본문에 등장하는 인물이나 저자의 절박한 처지에 처해 본다.

- 본문의 인물이나 저자를 특정한다.

- 그들의 정황을 살펴본다.

- 내가 그들의 입장에 서본다.

- 그 입장의 절박함을 헤아린다.

---

5. 고든 D 피 & 더글라스 스튜어트, 『성경을 어떻게 읽을 것인가』 오광만 박대영 옮김 (개정 4판: 성서유니온, 2016), 157.

2 그들의 생각이나 감정을 헤아려보고 그 안타까운 심정을 느껴 본다.

3 더 나아가 이를 향하는 하나님의 마음을 헤아려본다.

공감이 있으면 본문은 해석자에게 더 생생하고 구체적으로 다가온다.

제4장 성경 본문의 적용

성경 본문의 적용 과정은 "범사에 헤아려 좋은 것을 취하고 악은 어떤 모양이라도 버리라"(살전 5:21-22)에서 볼 수 있다. 이 구절을 다음과 같이 둘로 나눌 수 있다.

범사에 헤아려 ⇒ 점검
좋은 것은 취하고 악은 어떤 모양이라도 버리라 ⇒ 취사

범사에 헤아리는 것은 점검(點檢)으로, 좋은 것은 취하고 악은 어떤 모양이라도 버리라는 취사(取捨)로 나눌 수 있다.

I. 점검

어떤 목적으로 점검할 지 결정한다. 바울은 성경의 목적/용도를 다음과 같이 말한다. "모든 성경은 하나님의 감동으로 된 것으로 교훈과 책망과 바르게 함과 의로 교육하기에 유익하니"(딤후 3:16). 그 목적은 교훈, 책망, 바르게 함, 의로 교육 등 네 가지이다. 이 네 가지를 좀 더 구체적으로 말하면 다음과 같다.[6]

교훈(διδασκαλία)

책망(ἔλεγχος)

바르게 함(ἐπανόρθωσις) = 교정

의로 교육하기(παιδεία) = 훈련

---

6. 윌리엄 퍼킨스, 『설교의 기술과 목사의 사명』 채천석 옮김 (부흥과개혁사, 2011), 99-103. Cf. 페트루스 판 마스트리히트, 『개혁주의 표준 설교법』 이스데반 편역 (CLC, 2017), 136-164.

교훈은 소망을 갖게 하는 가르침이다. "무엇이든지 전에 기록된 바는 우리의 교훈을 위하여 기록된 것이니 우리로 하여금 인내로 또는 성경의 위로로 소망을 가지게 함이니라"(롬 15:4). 성경에서 교훈을 얻으면 인내와 위로를 얻게 되고, 결국 인내와 위로는 소망을 갖게 된다. 교훈은 단순한 명언이 아니라 소망을 얻게 하는 빛이다. 책망은 잘못에 대하여 꾸짖는 것이다. 바르게 함은 교정하는 것이다. 의로 교육하는 것은 훈련이다. 점검은 교훈, 책망, 교정, 훈련을 기준으로 모든 것을 헤아려보는 것이다. 관찰하여 얻은 말씀이나/교회에게 교훈하는 부분, 책망하는 부분, 교정을 필요로 하는 부분, 훈련을 필요로 하는 부분을 찾아 점검하는 과정이다. 이런 질문의 대상은 본문이 아니라 설교를 듣는 회중이다. 이 질문으로 본문을 연구하는 것이 아니라 이 질문들로 수신자들의 형편을 연구하는 것이다. 모든 본문마다 교훈, 책망, 교정, 훈련이라는 네 가지 질문에 모두 답해야 하는 것은 아니다. 때로는 네 가지, 때로는 세 가지, 때로는 두 가지, 때로는 한 가지만 답할 수도 있다.

점검의 예를 다음과 같이 들 수 있다.

"항상 기뻐하라"(살전 5:16)

점검 : 본문의 말씀을 근거로 하여 어떤 기준으로 회중을 점검할 것인지 결정한다.

- 교훈을 기준으로 한다면 "항상 기뻐하라"는 말씀에 근거하여 볼 때 내가/교회가 가져야 할 교훈은 무엇인가?

- 책망을 기준으로 한다면 "항상 기뻐하라"는 말씀에 근거하여 볼 때 어떤 부분에 무슨 책망을 받아야 하는가?

- 교정을 기준으로 한다면 "항상 기뻐하라"말씀에 근거하여 볼 때 어떤 부분에 무슨 교정을 받아야 하는가?

- 훈련을 기준으로 한다면 "항상 기뻐하라"는 말씀에 근거하여 볼 때 어떤 부분에 무슨 훈련을 받아야 하는가?

2. 취사

취사는 무엇을 어떻게 버리고, 취할 지 적용하는 과정이다.

악은 모양이라도 버리라 ⇒ 버림

좋은 것은 취하라 ⇒ 취함

악은 버리고, 선을 취하는 것을 기준으로 삼는다.

취사를 다음 세 가지 명제에 따라 질문하면 더 쉬워진다. [7]

당위명제(當爲命題)

가능명제(可能命題)

가치명제(價値命題)

당위명제는 '해야 한다'는 식으로 표현된다. 당위명제에 호응하는 질문은 왜(원인)에 대한 질문이다. 가능명제는 '할 수 있다'는 말로 나타난다. 가능명제에 호응하는 질문은 어떻게(방법)에 대한 질문이다. 가치명제는 '이다'는 구문으로 드러낸다. 가치명제에 호응하는 질문은 가치(결과)에 대한 질문이다.

	초점	표현
당위명제	왜/원인	해야한다.
가능명제	어떻게/방법	할수있다.
가치명제	가치/결과	이다.

취사를 이 질문으로 진행할 수 있다.

	취사	
	버림	취함
왜?	왜 버려야 하는가?	왜 취해야 하는가?
어떻게?	어떻게 버릴 수 있는가?	어떻게 취할 수 있는가?
무슨 가치?	버리는 것이 무슨 가치가 있는가?	취하는 것이 무슨 가치가 있는가?

7. 켄 데이비스, 『탁월한 설교가 유능한 꾼』, 김세광 옮김(예영커뮤니케이션,1998), 37-42.

버림과 취함은 본문에 따라서 둘 다 할 수도 있고, 둘 중 하나를 할 수 있다. 또한, 버림과 취함의 왜, 어떻게, 무슨 가치라는 세 가지 질문에 모두 답해야 하는 것은 아니다. 때로는 세 가지, 때로는 두 가지, 때로는 한 가지만 답할 수도 있다. 취사의 예를 다음과 같이 들 수 있다.

"항상 기뻐하라"(살전 5:16)

취사 : 본문 말씀에 근거하여 버릴 것과 취할 것을 확인한다.

왜 기쁘게 여겨야 하는가?

어떻게 기쁘게 여길 수 있는가?

기쁘게 여기는 것은 어떤 가치가 있는가?

이제 적용의 과정을 정리하면 다음과 같다.

적용의 과정		
점검	취사	
	버림	취함
교훈, 책망, 교정, 훈련	왜? 어떻게? 무슨 가치?	

적용의 과정

제5장 성경 본문의 통찰

통찰은 본문을 관찰하여 찾은 본문의 의미에 근거하여 본문의 목적과 구조를 드러내는 것이다. 주해와 적용은 성경본문의 목적과 구조라는 통찰에 도달해야 한다. 주해와 적용이 끝났다고 하는데 목적와 구조를 찾지 못한다면 주해와 적용이 끝난 것이 아니라 할 수 없다.

통찰 = 본문의 목적 + 본문의 구조

아무리 관찰을 많이 했다고 하더라도 목적과 구조를 찾지 못하면 잘못된 관찰이다.

I. 목적

먼저, 성경 본문의 목적을 찾는 것은 성경 본문에서 다루는 문제와 주제를 찾는 일이다.

성경 본문의 문제/고민/갈등/이슈

성경 본문의 주제

성경 본문이 다루는 문제는 본문에 드러난 고민이요, 갈등이요, 이슈다. 문제를 찾지 못하면 답은 더 찾을 수 없을 것이다. 문제가 없으면 답도 없다. 문제를 찾으면 그 문제의 답을 찾는다. 그 답이 바로 본문의 주제가 된다.

2. 구조

성경 본문의 구조는 본문의 사고흐름을 통찰하여 목차식으로 작성한다.[8] 데살로니가전서 5:14-22를 예로 들면 다음과 같다. [9]

모든 사람을 대하여 오래 참으라(5:14e)

(5:14e의 분석) 삼가 누가 누구에게든지 악을 악으로 갚지 말게 하고 오직 피차 대하든지 모든 사람을 대하든지 항상 선을 좇으라(5:15)

(5:15의 방법) 항상 기뻐하라(5:16)
쉬지 말고 기도하라(5:17)
범사에 감사하라(5:18a)

(5:14e의 이유) 이것은 그리스도 예수 안에서 너희를 향하신 하나님의 뜻이니라(5:18b)
1.2.1 성령을 소멸치 말며(5:19)
1.2.2 예언을 멸시치 말고(5:20)
1.2.3 범사에 헤아려 좋은 것을 취하고(5:21)
1.2.4 악은 모든 모양이라도 버리라(5:22)

5:14e가 5:15에서 자세하게 풀이되고 있다. 즉 "모든 사람을 대하여 오래 참으라"(5:14e)는 것은 "모든 사람을 대하여 항상 선을 좇으라"(5:15)는 말로 풀이된다. 5:14e와 5:15의 연관성은 "모든 사람"(5:14e, 15), "누가 누구에게든지"(5:15)에서 찾을 수 있다.

"항상 선을 좇으라"(5:15)의 방법은 5:16-18a에 나오는 세 가지 명령이다. 그 명령은 "항상 기뻐하라 쉬지 말고 기도하라 범사에 감사하라"(5:16-18a)이다. "항상 선을 좇으라"(5:15)의 이유는 이것이 하나님의 뜻이기 때문이다. 이것이 가리키는 것은 5:19-22인데 그 중 하나인 "악은 모든 모양이라도 버

---

8. 이를 위해서는 다음 책을 참고하라. 배종열, 『성경 본문의 사고흐름 탐구법』 (부크크, 2021).

9. 배종열, 『성경 본문의 사고흐름 탐구법』, 70.

리라"는 "악을 악으로 갚지 말라"(5:15)에 대한 강력한 이유/동기부여를 하고 있다.

이제 성경 본문의 해석 과정을 정리하면 다음과 같다.

	성경 본문	
해석	주해(이해, 공감)	적용 (점검, 취사)
	통찰(목적, 구조)	

성경 본문의 해석 과정

제6장 설교문의 목적과 목차

이제 설교문의 토대인 설교문의 목적과 목차를 세우는 일이 남아 있다. 설교문의 목적과 목차는 성경 본문의 목적과 목차인 통찰에서 가져온다.

I. 설교문의 목적

설교문의 목적은 설교문에서 다루려는 문제/고민/갈등/이슈와 이에 대한 답인 주제이다. 설교문의 목적은 설교문 자체에서 만드는 것이 아니라 성경 본문의 통찰에서 가져온다. 설교문은 주해에 근거해야 하는 이유가 바로 여기에 있다.

2. 설교문의 목차

설교문의 목차는 성경 본문의 구조에 근거한 설교문의 목차 작성과 이에 따른 설교문의 전개로 이루어진다.

1) 성경 본문의 목차

설교문의 목차를 얻기 위해서는 성경 본문의 구조를 성경 본문의 목차로 전환해야 한다.[10] 앞 장에서 데살로니가전서 5:14-22의 구조를 다음과 같이 찾아보았다.

---

10. 도널드 R. 수누키안, 『성경적 설교의 초대』 채경락 옮김 (CLC, 2009), 34-37.

모든 사람을 대하여 오래 참으라(5:14e)

(5:14e의 분석) 삼가 누가 누구에게든지 악을 악으로 갚지 말게 하고
　　　　　　　오직 피차 대하든지 모든 사람을 대하든지 항상 선을
　　　　　　　좇으라(5:15)

(5:15의 방법)　항상 기뻐하라(5:16)
　　　　　　　쉬지 말고 기도하라(5:17)
　　　　　　　범사에 감사하라(5:18a)

(5:14e의 이유) 이것은 그리스도 예수 안에서 너희를 향하신 하나님
　　　　　　　의 뜻이니라(5:18b)
　　　　　　　1.2.1 성령을 소멸치 말며(5:19)
　　　　　　　1.2.2 예언을 멸시치 말고(5:20)
　　　　　　　1.2.3 범사에 헤아려 좋은 것을 취하고(5:21)
　　　　　　　1.2.4 악은 모든 모양이라도 버리라(5:22)

이 구조를 성경 본문의 목차로 바꾸면 다음과 같다.

1. 모든 사람을 대하여 오래 참음. 악을 선으로 이김(5:15)

2. 오래 참을 방법(5:16-18a)

　1) 항상 기뻐하라(5:16)

　2) 쉬지 말고 기도하라(5:17)

　3) 범사에 감사하라(5:18a)

3. 오래 참아야 하는 이유(5:18b-22)

　1) 성령을 소멸치 말며(5:19)

　2) 예언을 멸시치 말고(5:20)

　3) 범사에 헤아려 좋은 것을 취하고(5:21)

　4) 악은 모든 모양이라도 버리라(5:22)

본문의 구조에서 드러난 소주제들의 관계가 드러난다. 5:16-18a는 오래 참

을 방법을 보여주니 그 소주제는 "오래 참을 방법"이고, 5:18b-22는 오래 참아야 하는 이유를 제시하니 그 소주제는 "오래 참아야 하는 이유"가 된다.

2) 설교문의 전개

이제 설교문의 목차를 만들 시점이다. 앞서 파악한 성경 본문의 목차를 설교문의 목차로 전환하는 방식으로 진행한다.

설교문 목차를 전개하는 데에는 두 가지 기준이 있다.

(1) 성경 목차에 따른 전개

성경 본문의 목차를 설교문의 목차로 끌어올 때 그 순서를 동일하게 가져올 수도 있고, 수정하여 가져올 수도 있다. 성경 본문의 목차와 설교문의 목차 순서가 같으면 동일형이다. 수정하면 조정형과 추가형이 있다. 성경 본문의 목차를 설교문의 목차로 가져올 때 순서를 조정하면 조정형이고, 서론과 결론을 추가하면 추가형이다. 서론에서는 본문의 배경을 설명하는데, 때로는 본문의 근접 혹은 원접 배경이나 주제와 관련된 배경을 설명한다. 결론에서는 요약적으로 말하면서 동기부여를 위해 촉구한다.

가. 동일형

동일형은 다음과 같이 전개된다.

	성경 본문의 목차	설교문의 목차
예	1. 2. 3. 4.	1. 2. 3. 4.

동일형

나. 조정형

조정형은 다음과 같이 전개된다.

	성경 본문의 목차	설교문의 목차
예	1.	1.
	2.	3 → 2.
	3.	2 → 3.
	4.	4.

조정형

다. 추가형

추가형은 다음과 같이 전개된다.

	성경 본문의 목차	설교문의 목차
예		서론(배경)
	1.	1.
	2.	2.
	3.	3.
	4.	4.
		결론(촉구)

추가형

(2) 주해와 적용에 따른 전개

주해와 적용을 어떻게 하느냐에 따라서 다음과 같은 세 가지 경우가 있다.

가. 주해와 적용 A형

주해와 적용 A형은 본문을 몇 개의 개별 단락으로 나누었을 때 단락마다 주해와 적용을 하는 경우이다.[11]

---

11. Ronald J. Allen & Gilbert L. Bartholomew, *Preaching Verse by Verse* (Louisville, KY : Westminster John Knox Press, 2000), 71.

주해와 적용 A형

　1. (주해)

　　(적용)

　2. (주해)

　　(적용)

　3. (주해)

　　(적용)

　4. (주해)

　　(적용)

　…

나. 주해와 적용 B형

　주해와 적용 B형은 본문을 몇 개의 개별 단락으로 나누었을 때 단락마다 주해는 하되, 적용은 전체적으로 하는 경우이다.[12]

주해와 적용 B형

(주해)

1.

2.

3.

4.

…

(적용)

---

12. Allen & Bartholomew, *Preaching Verse by Verse*, 79.

다. 주해와 적용 C형

주해와 적용 C형은 주해와 적용을 혼합한 경우이다. 때로는 주해만 보이지만 이미 적용된 주해를 하기도 하고(적용적 주해), 때로는 적용만 보이지만 이미 주해된 적용을 하기도 한다(주해적 적용).

주해와 적용 C형

1. (적용적 주해/주해적 적용)

2. (적용적 주해/주해적 적용)

3. (적용적 주해/주해적 적용)

4. (적용적 주해/주해적 적용)

...

3) 설교문 유형

설교문 목차의 전개에 따라서 다음과 같이 다양한 설교문 유형이 있다.

		성경 본문에 따른 설교문의 목차 순서		
		동일형	수정	
			조정형	추가형
주해와 적용의 순서	A형	동일 A형	조정 A형	추가 A형
	B형	동일 B형	조정 B형	추가 B형
	C형	동일 C형	조정 C형	추가 C형

설교문 유형

(1) 동일형

동일형에는 동일 A형, 동일 B형, 동일 C형이 있다.

동일 A형

    1. (주해)

      (적용)

    2. (주해)

      (적용)

    3. (주해)

      (적용)

    4. (주해)

      (적용)

      …

동일 B형

(주해)

  1.

  2.

  3.

  4.

  …

(적용)

동일 C형

 1. (적용적 주해/주해적 적용)

 2. (적용적 주해/주해적 적용)

3. (적용적 주해/주해적 적용)

4. (적용적 주해/주해적 적용)

...

(2) 조정형

조정형에는 조정 A형, 조정 B형, 조정 C형이 있다.

조정 A형

1. (주해)
(적용)

3 → 2.
(주해)
(적용)

2 → 3.
(주해)
(적용)

4. (주해)
(적용)

...

조정 B형

(주해)

1.

3 → 2.

2 → 3.

4.

...

(적용)

조정 C형

1. (적용적 주해/주해적 적용)

3 → 2. (적용적 주해/주해적 적용)

2 → 3. (적용적 주해/주해적 적용)

4. (적용적 주해/주해적 적용)

...

(3) 추가형

추가형에는 추가 A형, 추가 B형, 추가 C형이 있다.

추가 A형

(서론 : 배경)

1. (주해)
   (적용)

2. (주해)
   (적용)

3. (주해)
   (적용)

4. (주해)

　(적용)

...

(결론 : 촉구)

추가 B형

(서론 : 배경)

(주해)

1.

2.

3.

...

(적용)

(결론 : 촉구)

추가 C형

(서론 : 배경)

1. (적용적 주해/주해적 적용)

2. (적용적 주해/주해적 적용)

3. (적용적 주해/주해적 적용)

...

(결론 : 촉구)

설교문의 목차는 단순하게 하고, 내용은 풍성하게 해야 한다. 하지만 이를 반대로 설교문의 목차가 복잡하게 되면 설교는 매우 어려워진다. 또한, 설교의 내용이 풍성하지 않고 단순하면, 설교는 건조하고 딱딱해진다. 이제 설교문의 완성을 향해 나가자.

제7장 설교문의 완성도 높이기

　이제 설교문의 목차를 뼈대로 설교문의 완성도를 높일 때가 되었다. 설교문의 목차 없이 처음부터 완성된 문장을 써가는 경우가 있다. 설교에 천부적인 재능이 없이 설교를 준비할 경우 10시간을 준비하면 1시간의 결과만 나올 가능성이 매우 크다. 하지만 설교문의 목차를 가지고 완성도를 높이는 과정으로 준비할 경우 10시간 준비하면 10시간의 결과가 나올 수 있다. 설교문 완성도를 높이기 위해서 다음과 같이 단계가 있다.

　첫째, 성경 본문의 주해와 적용에서 얻은 자료들을 설교문에 채운다. 주해에서 이해하고 공감한 의미들과 적용에서 점검하고 취사한 내용을 세워진 설교문의 목차에 차곡차곡 쌓아서 설교를 풍성하게 한다.

　둘째, 문장 간 흐름을 매끄럽게 한다. 이를 위해서 꼬리에 꼬리를 무는 식으로 문단을 전개한다. 또한, 이해가 안 되는 곳이나 어려운 곳은 충분히 설명한다.

　셋째, 주제를 드러낼 수 있는 단어를 찾아 문장을 완성한다. 이를 위해서 정확한 단어를 사용한다. 또한, 비유적인 단어를 활용한다. 영화에도 명대사가 있듯이 설교에도 명언이 있으면 금상첨화다. 공감하는 명언, 그래서 자신을 돌아보게 하고 회개하게 하고 기억하게 하는 바로 그 명언이다.

제8장 설교문 작성 8단계

지금까지 설명을 종합하여 설교문 작성은 다음과 같은 8단계로 진행한다. 본문이 같아도 설교자마다 달리 설교하는 이유는 바로 각 단계에 경우의 수가 다양하기 때문이다.

단계 1. 기도

1 진리의 영이신 성령의 감동과 조명을 위하여 기도한다.

2 성경 본문을 통한 하나님의 뜻을 위하여 기도한다.

3 회중을 위하여 기도한다.

4 나 자신을 위하여 기도한다.

단계 2. 성경 본문의 범위 한정

1 설교를 위한 성경 본문의 범위는 사진기의 줌과 같다. 줌은 작가의 의도대로 확대하거나 축소한다.

2 설교자도 설교의 주제에 따라서 성경 본문의 범위도 확대하거나 축소할 수 있다.

3 그 범위는 한 단어/몇 단어, 한 절/몇 절, 한 문장/몇 문장, 한 문단/몇 문단, 한 장/몇 장이 될 수 있다.

단계 3. 성경 본문의 주해

1 본문의 문맥적 의미와 함의적 의미를 이해한다.

2 본문의 의미를 공감한다.

단계 4. 성경 본문의 적용

1 본문을 근거로 점검(교훈, 책망, 교정, 훈련)한다.

2 본문을 근거로 취사(왜, 어떻게, 무슨 가치?)한다.

단계 5. 성경 본문의 통찰

1 본문의 목적을 찾는다.

2 본문의 구조를 찾는다.

단계 6. 설교문의 목적 확인

1 성경 본문이 다루는 문제/고민/갈등/이슈를 설교문의 문제/고민/갈등/
   이슈로 삼는다.

2 성경 본문의 주제를 설교문의 주제로 삼는다.

단계 7. 설교문의 목차 작성

1 성경 본문의 구조를 성경 본문의 목차로 변환한다.

2 성경 본문의 목차를 설교문의 목차로 변환한다.

단계 8. 설교문의 완성도 높이기

1 성경 본문의 주해와 적용에서 얻은 자료들을 설교문에 채운다.

2 문장 간 흐름을 매끄럽게 한다.

3 주제를 드러낼 수 있는 단어를 찾아 문장을 완성한다.

제9장 설교문의 유형별 예

설교문의 유형별 예를 동일형, 조정형, 추가형의 순서로 살펴본다.

I) 동일형의 예

단계 1. 기도

단계 2. 성경 본문의 범위 한정

마가복음 10:46-52

단계 3. 성경 본문의 관찰

단계 4. 성경 본문의 적용

1) 본문을 근거로 점검한다.

2) 본문을 근거로 취사한다.

단계 5. 성경 본문의 통찰

1) 본문의 목적을 찾는다.

(1) 문제/고민/갈등/이슈 : 평생 소경 거지로 하루하루 연명하는 자가 갖는 고민이 있다. 소경을 관찰하는 것으로 끝나는 것이 아니라 내가 소경이 되어서 소경의 심정이 되어 본다.

(2) 주제 : 바디메오는 주위의 차가운 시선이 있었음에도 다윗의 자손이신 그리스도께 간청함으로 응답을 받는다.

2) 본문의 구조를 찾는다. 마가복음 10:46-52의 구조는 다음과 같다.[13]

---

13. 배종열, 『성경 본문의 사고흐름 탐구법』, 69.

(발단) 그들이 여리고에 이르렀더니 예수께서 제자들과 허다한 무리와 함께 여리고에서 나가실 때 디매오의 아들인 소경 거지 바디매오가 길가에 앉았다가(10:46)

(전개) 나사렛 예수시란 말을 듣고 소리 질러 이르되 다윗의 자손 예수여 나를 불쌍히 여기소서 하거늘(10:47)

(위기) 많은 사람이 꾸짖어 잠잠하라 하되 그가 더욱 크게 소리 질러 이르되 다윗의 자손이여 나를 불쌍히 여기소서 하는지라(10:48)

(절정) 예수께서 머물러 서서 그를 부르라 하시니 그들이 그 소경을 부르며 이르되 안심하고 일어나라 그가 너를 부르신다 하매(10:49) 소경이 겉옷을 내버리고 뛰어 일어나 예수께 나아오거늘(10:50) 예수께서 말씀하여 이르시되 네게 무엇을 하여 주기를 원하느냐 소경이 이르되 선생님이여 보기를 원하나이다(10:51)

(결말) 예수께서 이르시되 가라 네 믿음이 너를 구원하였느니라 하시니 그가 곧 보게 되어 예수를 길에서 따르니라(10:52)

단계 6. 설교문의 목적 확인

1) 성경 본문이 다루는 문제 / 고민 / 갈등 / 이슈를 설교문의 문제 / 고민/갈등/이슈로 삼는다.

2) 성경 본문의 주제를 설교문의 주제로 삼는다.

단계 7. 설교문의 목차 작성

1) 성경 본문의 구조를 설교문의 목차로 변환한다.

   (1) 소망이 없는 소경 거지(10:46)

   (2) 예수님에 대한 소식을 듣고 예수님에게 도움을 청함(10:47)

   (3) 주위 사람들은 저지하지만, 더욱 간절하게 도움을 청함(10:48)

   (4) 예수님이 소원을 물으니 보기를 원한다고 함(10:49-51)

   (5) 보게 되어 예수님을 따름(10:52)

2) 설교문의 목차를 근거로 설교문을 전개한다.

(1) 동일 A형의 형식

a. 소망이 없는 소경 거지(10:46)

　(주해)

　(적용)

b. 예수님에 대한 소식을 듣고 예수님에게 도움을 청함(10:47)

　(주해)

　(적용)

c. 주위 사람들은 저지하지만, 더욱 간절하게 도움을 청함(10:48)

　(주해)

　(적용)

d. 예수님이 소원을 물으니 보기를 원한다고 함(10:49-51)

　(주해)

　(적용)

e. 보게 되어 예수님을 따름(10:52)

　(주해)

　(적용)

(2) 동일 B형의 형식

　(주해)

a. 소망이 없는 소경 거지(10:46)

b. 예수님에 대한 소식을 듣고 예수님에게 도움을 청함(10:47)

c. 주위 사람들은 저지하지만, 더욱 간절하게 도움을 청함(10:48)

d. 예수님이 소원을 물으니 보기를 원한다고 함(10:49-51)

e. 보게 되어 예수님을 따름(10:52)

　(적용)

(3) 동일 C형의 형식

    a. 소망이 없는 소경 거지(10:46) (적용적 주해/주해적 적용)

    b. 예수님에 대한 소식을 듣고 예수님에게 도움을 청함(10:47)
        (적용적 주해/주해적 적용)

    c. 주위 사람들은 저지하지만, 더욱 간절하게 도움을 청함(10:48)
        (적용적 주해/주해적 적용)

    d. 예수님이 소원을 물으니 보기를 원한다고 함(10:49-51) (적용적 주해/주해적 적용)

    e. 보게 되어 예수님을 따름(10:52) (적용적 주해/주해적 적용)

단계 8. 설교문의 완성도 높이기

  1) 성경 본문의 주해와 적용에서 얻은 자료들을 설교문에 채운다.

  2) 문장 간 흐름을 매끄럽게 한다.

  3) 주제를 드러낼 수 있는 단어를 찾아 문장을 완성한다.

2) 조정형의 예

  단계 1. 기도

  단계 2. 성경 본문의 범위 한정

    데살로니가전서 5:14-22

  단계 3. 성경 본문의 관찰

  단계 4. 성경 본문의 적용

    1) 본문을 근거로 점검한다.

    2) 본문을 근거로 취사한다.

  단계 5. 성경 본문의 통찰

1) 본문의 목적을 찾는다.

　(1) 문제/고민/갈등/이슈 : 데살로니가 교회에는 큰 박해가 있었다. 그리스도인들은 특히 불신자들에게 핍박받고 어떻게 해야 하는 고민이 있었을 것이다.

　(2) 주제 : 이런 상황에서 악을 악으로 갚지 말라고 말씀하신다.

2) 본문 구조를 찾는다. 데살로니가전서 5:14-22의 구조는 다음과 같다.[14]

모든 사람을 대하여 오래 참으라(5:14e)

(5:14e의 분석) 삼가 누가 누구에게든지 악을 악으로 갚지 말게 하고 오직 피차 대하든지 모든 사람을 대하든지 항상 선을 좇으라(5:15)

(5:15의 방법) 항상 기뻐하라(5:16)
쉬지 말고 기도하라(5:17)
범사에 감사하라(5:18a)

(5:14e의 이유) 이것은 그리스도 예수 안에서 너희를 향하신 하나님의 뜻이니라(5:18b)
1.2.1 성령을 소멸치 말며(5:19)
1.2.2 예언을 멸시치 말고(5:20)
1.2.3 범사에 헤아려 좋은 것을 취하고(5:21)
1.2.4 악은 모든 모양이라도 버리라(5:22)

단계 6. 설교문의 목적 확인

1) 성경 본문이 다루는 문제 / 고민 / 갈등 / 이슈를 설교문의 문제 / 고민/갈등/이슈로 삼는다.

2) 성경 본문의 주제를 설교문의 주제로 삼는다.

단계 7. 설교문의 목차 작성

1) 성경 본문의 구조를 설교문의 목차로 변환한다.

　(1) 모든 사람을 대하여 오래 참음. 악을 선으로 이김(5:15)

　(2) 오래 참는 방법(5:16-18a)

---

14. 배종열, 『성경 본문의 사고흐름 탐구법』, 70.

a. 항상 기뻐하라(5:16)

　　　b. 쉬지 말고 기도하라(5:17)

　　　c. 범사에 감사하라(5:18a)

　　(3)오래 참아야 하는 이유(5:18b-22)

　　　a. 성령을 소멸치 말며(5:19)

　　　b. 예언을 멸시치 말고(5:20)

　　　c. 범사에 헤아려 좋은 것을 취하고(5:21)

　　　d. 악은 모든 모양이라도 버리라(5:22)

2) 설교문의 목차를 근거로 설교문을 전개한다.

　(1) 조정 A형의 형식

　　a. 모든 사람을 대하여 오래 참음. 악을 선으로 이김(5:15)

　　　(주해)

　　　(적용)

　　3 → 2. 오래 참아야 하는 이유(5:18b-22)

　　　(주해)

　　　(적용)

　　2 → 3. 오래 참는 방법(5:16-18a)

　　　(주해)

　　　(적용)

　(2) 조정 B형의 형식

　　(주해)

　　　1. 모든 사람을 대하여 오래 참음. 악을 선으로 이김(5:15)

　　　3 → 2. 오래 참아야 하는 이유(5:18b-22)

　　　2 → 3. 오래 참는 방법(5:16-18a)

　　(적용)

(3) 조정 C형의 형식

1. 모든 사람을 대하여 오래 참음. 악을 선으로 이김(5:15) (적용적 주해/주해적 적용)

3 → 2.오래 참아야 하는 이유(5:18b-22)(적용적 주해/주해적 적용)

2 → 3. 오래 참는 방법(5:16-18a) (적용적 주해/주해적 적용)

단계 8. 설교문의 완성도 높이기

1) 성경 본문의 주해와 적용에서 얻은 자료들을 설교문에 채운다.

2) 문장 간 흐름을 매끄럽게 한다.

3) 주제를 드러낼 수 있는 단어를 찾아 문장을 완성한다.

3) 추가형의 예

단계 1. 기도

단계 2. 성경 본문의 범위 한정

에베소서 4:17-24

단계 3. 성경 본문의 관찰

단계 4. 성경 본문의 적용

1) 본문을 근거로 점검한다.

2) 본문을 근거로 취사한다.

단계 5. 성경 본문의 통찰

1) 본문의 목적을 찾는다.

(1) 문제/고민/갈등/이슈 : 그리스도인이 성장할 수 없는 이유와 성장할 수 있는 이유?

(2) 주제 : 마음의 허망과 그리스도 안에 있는 진리

2) 본문의 구조를 찾는다. 에베소서 4:17-24의 구조는 다음과 같다.[15]

그러므로 내가 이것을 말하며 주 안에서 증언하노니 이제부터 너희는 이방인이 그 마음의 허망한 것으로 행함 같이 행하지 말라 (4:17)

(4:17의 분석 1) 그들의 총명이 어두워지고 그들 가운데 있는 무지함과 그들의 마음이 굳어짐으로 말미암아 하나님의 생명에서 떠나 있도다(4:18)

(4:17의 분석 2) 그들이 감각 없는 자가 되어 자신을 방탕에 방임하여 모든 더러운 것을 욕심으로 행하되(4:19)

오직 너희는 그리스도를 그같이 배우지 아니하였느니라 진리가 예수 안에 있는 것 같이 너희가 참으로 그에게서 듣고 또한 그 안에서 가르침을 받았을진대 (4:20-21)

(4:20-21의 분석 1) 너희는 유혹의 욕심을 따라 썩어져 가는 구습을 따르는 옛사람을 벗어 버리고(4:22)

(4:20-21의 분석 2) 오직 너희의 심령이 새롭게 되어(4:23)

(4:20-21의 분석 3) 하나님을 따라 의와 진리의 거룩함으로 지으심을 받은 새사람을 입으라(4:24)

단계 6. 설교문의 목적 확인

1) 성경 본문이 다루는 문제 / 고민 / 갈등 / 이슈를 설교문의 문제 / 고민/갈등/이슈로 삼는다.

2) 성경 본문의 주제를 설교문의 주제로 삼는다.

단계 7. 설교문의 목차 작성

1) 성경 본문의 구조를 설교문의 목차로 변환한다.

(1) 이방인의 상태 : 마음의 허망함 ⇒ 자랄 수 없는 이유/조건 (4:17-19)

  a. 하나님의 생명에서 떠나 있음

---

15. 배종열, 『문맥에 따라 읽은 에베소서』(CLC, 2005), 127-132.

b. 모든 더러운 것을 욕심대로 행함

(2) 예수 안에 있는 진리 ⇒ 자랄 수 있는 이유/조건(4:20-24)

a. 옛사람을 버림

b. 심령이 새로워짐

c. 새사람을 입음

2) 설교문의 목차를 근거로 설교문을 전개한다.

(1) 추가 A형의 형식

(서론 : 배경) 하나님의 목표는 그리스도인은 범사에 그리스도에게까지 자라는 것이다(4:15)

a. 이방인의 상태 : 자랄 수 없는 이유/조건(4:17-19)

(주해)

(적용)

b. 예수 안에 있는 진리 : 자랄 수 있는 이유/조건(4:20-24)

(주해)

(적용)

(결론: 촉구)그리스도인은 범사에 그리스도에게까지 자라야 한다.

(2) 추가 B형의 형식

(서론 : 배경) 하나님의 목표는 그리스도인은 범사에 그리스도에게까지 자라는 것이다(4:15)

(주해)

a. 이방인의 상태 : 자랄 수 없는 이유/조건(4:17-19)

b. 예수 안에 있는 진리 : 자랄 수 있는 이유/조건(4:20-24)

(적용)

(결론: 촉구)그리스도인은 범사에 그리스도에게까지 자라야 한다.

(3) 추가 C형의 형식

(서론 : 배경) 하나님의 목표는 그리스도인은 범사에 그리스도에
게까지 자라는 것이다(4:15)

a. 이방인의 상태 : 자랄 수 없는 이유/조건(4:17-19) (적용적 주해/
주해적 적용)

b. 예수 안에 있는 진리 : 자랄 수 있는 이유/조건(4:20-24) (적용적
주해/주해적 적용)

(결론: 촉구)그리스도인은 범사에 그리스도에게까지 자라야 한다.

단계 8. 설교문의 완성도 높이기

1) 성경 본문의 주해와 적용에서 얻은 자료들을 설교문에 채운다.

2) 문장 간 흐름을 매끄럽게 한다.

3) 주제를 드러낼 수 있는 단어를 찾아 문장을 완성한다.

참고문헌

데이비스, 켄. 『탁월한 설교가 유능한 꾼』 김세광 옮김. 예영커뮤니케이션, 1998.

바우어. 데이비드 R. & 트래이나, 로버트 A. 『귀납법적 성경 연구』 윤철호 옮김. CLC, 2014.

배종열. 『문맥에 따라 읽은 에베소서』 CLC, 2005.

-----. 『성경 본문의 사고흐름 탐구법』 부크크, 2021.

수누키안, 도널드 R. 『성경적 설교의 초대』 채경락 옮김. CLC, 2009.

판 마스트리히트, 페트루스. 『개혁주의 표준 설교법』 이스데반 편역. CLC, 2017.

퍼킨스, 윌리엄. 『설교의 기술과 목사의 사명』 채천석 옮김. 부흥과개혁사, 2011.

피, 고든 D & 스튜어트, 더글라스. 『성경을 어떻게 읽을 것인가』 오광만 박대영 옮김. 개정 4판; 성서유니온, 2016.

칼빈, 존. 『기독교강요 상』 김종흡, 신복윤, 이종성, 한철하 역. 생명의 말씀사, 1988.

Adams, Jay E. *Truth Applied*. Stanley, NC; Timeless Texts, 1990.

Allen, Ronald J. & Bartholomew, Gilbert L. *Preaching Verse by Verse*. Louisville, KY : Westminster John Knox Press, 2000.

Egger, Wilhelm. *How to Read the New Testament: an Introduction to Linguistic and Historical-Critical Methodolgy* trans. by Peter Heinegg. Peabody, MA : Hendrickson, 1996.

Goldingay, John. "Expounding the New Testament"in *New Testament Interpretation : Essays on Principles and Methods* ed. by I. Howard Marshall. Carlisle : The Paternoster Press, 1992.

성경이 숨 쉬는 설교

초판 발행 2023년 10월 30일

지은이 배종열
발행인 임정대
발행처 한빛 크리스천 아카데미

편집 최보경, 김수경
디자인 김정은
제작처 북토리 BOOKTORY

출판등록 2023년 02월 24일 제2023-000048호
주소 경기도 고양시 일산서구 중앙로 1576 (대화동) 태진빌딩 7층
전자우편 hanvitworld21@naver.com
전화 031-924-0694

잘못 만들어진 책은 구입한 곳에서 교환해드립니다.

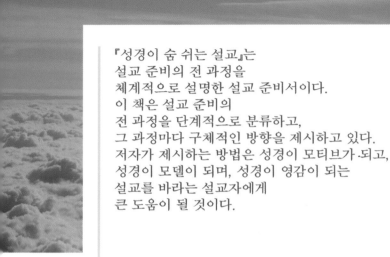

『성경이 숨 쉬는 설교』는
설교 준비의 전 과정을
체계적으로 설명한 설교 준비서이다.
이 책은 설교 준비의
전 과정을 단계적으로 분류하고,
그 과정마다 구체적인 방향을 제시하고 있다.
저자가 제시하는 방법은 성경이 모티브가 되고,
성경이 모델이 되며, 성경이 영감이 되는
설교를 바라는 설교자에게
큰 도움이 될 것이다.

배종열은 전남대학교(B.A.)와 개혁신학연구원을 졸업하고,
남아공 University of Stellenbosch(M.Th.)
그리고 Potchefstroom University for Christian Higher
Education(Ph.D.)에서 공부했다. 예인교회와 자라는교회를
담임했고, 개신대학원대학교에서 신약학을 가르쳤다. 저서로는
『문맥에 따라 읽는 에베소서』(CLC),
『설교의 날개를 펼쳐라』(CLC),『성경 헬라어의 기본원리』(CLC),
『성경본문의 사고흐름 탐구법』(Bookk)가 있고, 아내인
김재숙과 공저한 『성경이 나에게 말해요』(함성B&S/
비전코람데오), 역서로는 골즈워디의 『복음중심 해석학』(CLC)
등이 있다.
한국복음주의신약학회 회장을 역임했고, 현재는 개신대학원
대학교 명예교수이며 해길사역연구원 원장으로 사역하고 있다.

한빛크리스천아카데미
HANVIT CHRISTIAN ACADEMY

값 8000 원
93230

9 791198 513007

ISBN 979-11-985130-0-7

아담, 모세 마침내

그리스도

배종열

한빛크리스천아카데미
HANVIT CHRISTIAN ACADEMY